내 안에 나를 새롭게 찾아가는

# 기쁨노트

KB205835

내 안에 나를 새롭게 찾아가는
# 기쁨노트

**첫판 1쇄 펴낸날** 2020년 7월 10일

**발행인** 김은옥
**함께 지은이** 김영대 한수은 박정훈 김은경 송규의 신현미 이광호 박봉희 주학선 고혜리
**표지 본문 디자인** 황지은
**표지 그림** 이우림
**펴낸곳** 올리브북스

**주소** 인천시 부평구 부평대로 153
**전화** 032-233-2427
**이메일** olivebooks@naver.com
**블로그** blog.naver.com/olivebooks
**인스타그램** instagram.com/olivebooks_publisher

**출판등록** 제2019-000023호(2007년 5월 21일)

**ISBN** 978-89-94035-43-7  03230

세상은 행동하는 사람에 의해 움직입니다. 소중한 경험, 따뜻한 시선을 가진 원고, 참신한 기획의 소재가 있으신 분은 올리브북스와 의논해 주십시오. 그 원고가 세상의 소금과 빛이 될 수 있도록, 최고의 책으로 빛날 수 있도록 정성을 다하겠습니다.

총판 기독교출판유통 | 031-906-9191(전화), 0505-365-9191(팩스)

내 안에 나를 새롭게 찾아가는

# 기쁨노트

올리브 북스
Olive Books

## 《기쁨노트》에 대하여

《내 안에 나를 새롭게 찾아가는 기쁨노트》는 나의 생활을 세밀하게 들여다보고 기록하면서 주님과 깊은 교제를 통해 큰 기쁨을 맛보도록 기획되었습니다.

70일 동안 매일의 안내에 따라 차근차근 기록하다 보면 내 안의 깊은 자아와 만나는 기쁨을 알게 될 것입니다. 더불어 내 안에 계신 주님과 친밀해지며 내면 깊은 곳에서 솟아나는 영적인 기쁨도 얻게 될 것입니다.

이 작은 노트는 아무 때나 아무 곳에서나 쓸 수 있습니다. 산책한 후 공원 벤치에서, 친구를 기다리는 작은 카페에서, 여행을 떠난 여행지에서도 공항 라운지에서도 자유롭게 쓸 수 있습니다.

기쁨노트는 마음일기, 산책일기, 감사일기, 영성일기, 선행일기, 행복일기로 구성되었습니다. 이는 영과 혼과 육이 주님 안에서 성숙해지고 강건해지도록 고안된 것입니다.

영의 성장을 위해 감사일기, 영성일기, 선행일기를 기록하면서 주님을 더 깊이 알고 주님과 깊은 교제를 통해 하나님의 자녀로 성숙해 갈 수 있습니다.

혼의 성장을 위한 마음일기, 행복일기는 내 마음이 주님의 마음을 닮도록 도와줍니다. 우리 마음에 흐르는 생각과 감정을 무시하지 않고 귀기울이면 원망과 불평, 분노와 좌절 등 쓴 뿌리가 치유되어 예수님의 성품을 닮아가게 됩니다.

육의 성장을 위한 산책일기는 오늘 한 운동과 산책을 기록하면서 튼튼한 몸을 만들어 혼과 영을 잘 담아내는 그릇으로 세워갈 수 있습니다.

기쁨노트를 매일 즐겁게 잘 쓰기 위해서는 시간을 정해서 쓸 것을 권합니다. 기쁨노트를 통해 하루를 되돌아보고 나 자신을 다독이며, 내 안에 계신 주님과 마음을 나누면 어느새 세상에 하나뿐인 나만의 책이 완성될 것입니다.

# 《기쁨노트》사용설명서

아래의 예시에서 오늘 느낀 감정에 체크하세요. 예시에 없는 감정은 빈 칸에 적어 보세요.

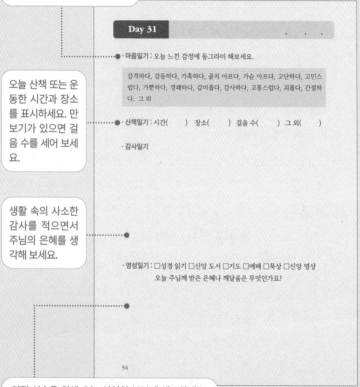

### Day 31

. . .

● · 마음일기 : 오늘 느낀 감정에 동그라미 해보세요.

감격하다, 감동하다, 가혹하다, 골치 아프다, 가슴 아프다, 고단하다, 고민스럽다, 가뿐하다, 경쾌하다, 감미롭다, 감사하다, 고통스럽다, 괴롭다, 간절하다. 그 외

오늘 산책 또는 운동한 시간과 장소를 표시하세요. 만보기가 있으면 걸음 수를 세어 보세요.

● · 산책일기 : 시간(　　　) 장소(　　　) 걸음 수(　　　) 그 외(　　　)

· 감사일기

생활 속의 사소한 감사를 적으면서 주님의 은혜를 생각해 보세요.

●

· 영성일기 : □성경 읽기 □신앙 도서 □기도 □예배 □묵상 □신앙 영상
　　　　　 오늘 주님께 받은 은혜나 깨달음은 무엇인가요?

54

영적 성숙을 위해 오늘 실천한 부분에 체크하세요. 또 성경을 읽으면서, 책 속에서, 기도 가운데, 예배에서, 묵상 중에 혹은 신앙 영상 속에서 기억에 남거나 좋았던 부분을 적어 보세요.

행복일기는 수고한 나를 위로하고 나에게 주는 선물 같은 것입니다. 매일매일 주어지는 새로운 미션을 즐겁고 충실하게 실천해 보세요.

● 행복일기 : 내 인생을 따뜻하게 해준 말은 무엇인가요?

오늘 하루를 돌아보고 내가 한 착한 일과 느낌을 적어 보세요.

· 선행일기 ex: 자녀와 대화하며 고민을 들어 주었다. ●

주님께 한 걸음 더 다갈 수 있도록 짧지만 다양하고 생수처럼 시원한 얘기들을 담았습니다.

**오늘도 주님께 한 걸음 더**

누군가를 사랑할 때 내 안에 주님의 사랑이 없으면 그 사랑은 자기애적 사랑이 되고 맙니다. 진정한 사랑은 "하나님께 속한 것(요일 4:7)"이라 했듯이 하나님으로부터 옵니다. 우리가 은혜를 받았다고 할 때 그 은혜는 주님이 나를 얼마나 사랑하셨는지 경험하는 것입니다. 주님의 사랑을 경험할 때 비로소 우리는 다른 사람을 사랑할 힘을 얻게 됩니다.

내가 너희를 사랑한 것 같이 너희도 서로 사랑하라 _요한복음 13:34

**Day 7**

· 기쁨노트 나누기
한 주간 동안 쓴 마음일기, 선행일기, 감사일기를 편안하게 나누어 봅시다.
굳이 모든 것을 다 나눌 필요는 없습니다. 나누고 싶은 것만 나누셔도 됩니다.

· 함께 기도하기
기쁨노트를 나누면서 느낀 점과 또 반짝은 것은 무엇인가요?
부탁하고 싶은 기도제목은 무엇인가요?
마음에 품고 기도해 주고 싶은 것은 무엇인가요?
함께 기도제목을 나누어 기도합시다.

성구와 격언, 금언처럼 빛나는 한줄입니다.

주일 오후에 가족, 부부, 친구들과 소모임이나 속회(구역)에서 한 주간 동안 쓴 기쁨노트를 나누어 보세요.

· 마음일기 : 오늘 느낀 감정에 동그라미 해보세요.

가슴 아프다, 고민되다, 괴롭다, 화가 난다, 어이없다, 비참하다, 짠하다, 만족스럽다, 경쾌하다, 마음이 무겁다. 그 외

· 산책일기 : 시간(　　　) 장소(　　　) 걸음 수(　　　) 그 외(　　　)

· 감사일기 : 오늘 …… 라서 감사하다. ex: 오늘 운동할 수 있어서 감사하다.

## 오늘도 주님께 한 걸음 더

평범한 일상에 감사하면 우리의 마음은 더욱더 풍요롭고 행복해집니다. 아침에 눈을 뜨고, 내 손으로 밥을 먹고, 따뜻한 차를 마시고, 누군가와 대화할 수 있고, 걸을 수 있는 것은 당연한 일이 아니라 감사한 일입니다. 하루를 돌아보며 감사할 때 주님께서는 더 많은 감사로 내일을 채워주실 것입니다.

감사함으로 받으면 버릴 것이 없나니 _디모데전서 4:4

· **마음일기** : 오늘 느낀 감정에 동그라미 해보세요.

> 여유롭다, 고맙다, 괘씸하다, 기분 상하다, 공허하다, 괴롭다, 슬프다, 기분 좋다,
> 담담하다, 그립다, 다정하다, 귀찮다, 근심스럽다, 갈망하다. 그 외

· **산책일기** : 시간(      ) 장소(      ) 걸음 수(      ) 그 외(      )

· **감사일기** : 오늘 …… 라서 감사하다.

　　　　　　ex: 맛있는 식사를 할 수 있어 감사하다.

### 오늘도 주님께 한 걸음 더

내 몸을 창조하신 주님은 잘 관리해서 주님의 선하신 뜻을 위해 쓰라고 하십니다. 건강을 꾸준히 관리하지 않으면 주님의 일을 하고 싶을 때 약한 내 몸이 짐이 될 수 있습니다. 매일매일 할 수 있는 내게 맞는 운동을 통해 활기찬 주님의 사람이 되어봅시다.

너는 내 것이라 _이사야 43:1

· 마음일기 : 오늘 느낀 감정에 동그라미 해보세요.

> 기쁘다, 날아갈 듯하다, 황당하다, 침울하다, 권태롭다, 기분 나쁘다, 명랑하
> 다, 즐겁다, 개운하다, 뿌듯하다, 끔찍하다, 몸서리치다, 기대하다.
> 그 외

· 산책일기 : 시간(      ) 장소(      ) 걸음 수(      ) 그 외(      )

· 감사일기 : …… 가 아니라서 감사하다.
　　　　　　ex: 여행 중인데 비가 안 와서 감사하다.

### 오늘도 주님께 한 걸음 더

마음일기는 오늘 나에게 일어난 감정을 솔직하게 기록하는 것으로 출발합니
다. 내 마음을 내가 알아차리지 못하고, 돌봐주지 못할 때가 참 많습니다.
감정은 좋고 나쁨이 없습니다. 자연스럽게 일어나는 현상입니다. 부정적인 감
정일 때는 따뜻하게 안아주라는 신호이고, 긍정적인 감정일 때는 함께 기뻐하
라는 신호입니다.

마음의 근심은 심령을 상하게 하느니라 _잠언 15:13

## Day 4

· **마음일기** : 오늘 느낀 감정에 동그라미 해보세요.

> 만족스럽다, 가슴 뭉클하다, 화나다, 모멸스럽다, 낙담하다, 마음이 무겁다,
> 멍하다, 산뜻하다, 상쾌하다, 사랑스럽다, 흥겹다, 밉다, 부담스럽다, 흥미롭다.
> 그 외

· **산책일기** : 시간(      ) 장소(      ) 걸음 수(      ) 그 외(      )

· **감사일기** : …… 가 아니라서 감사하다.

        ex: 아파서 병원에 갔는데 큰 병이 아니라서 감사하다.

### 오늘도 주님께 한 걸음 더

기쁨노트를 쓰다 보면 내 안에 나를 새롭게 찾아갈 수 있습니다. 외부로 향했던 눈은 내 마음으로 향하고, 그동안 소홀했던 나를 점점 소중하게 대하게 됩니다. 방치하다시피 한 내 몸을 건강하게 가꾸고, 무심했던 내 감정과 만나면서 상한 감정을 치유하게 합니다. 기쁨노트를 통해 내가 얼마나 소중한지, 내가 나인 것이 얼마나 감사한지, 회복된 자신을 만나게 될 것입니다.

그대만큼 사랑스러운 사람을 본 일이 없다. _감남조 〈편지〉에서

· **마음일기** : 오늘 느낀 감정에 동그라미 해보세요.

반갑다, 벅차다, 미어지다, 불안하다, 비참하다, 서글프다, 암담하다, 갑갑하다,
상큼하다, 신난다, 사랑스럽다, 가볍다, 욱하다, 부담스럽다, 설레다.
그 외

· **산책일기** : 시간(      ) 장소(      ) 걸음 수(      ) 그 외(      )

· **감사일기** : 비록 …… 하지만 …… 해서 감사하다.
　　　　　　ex: 속상했지만 기도할 수 있어서 감사하다.

### 오늘도 주님께 한 걸음 더

"차분히 기도하며 살기에는 우리의 삶이 너무도 바쁘다며 기도할 수 없는 이
유를 설명하거나 변명하는 이들이 있습니다. 그러나 이것은 있을 수 없는 일입
니다. 기도는 우리가 하는 일들을 훼방하지 않을 뿐 아니라, 오히려 기도하는
것처럼 일을 계속할 수 있게 해줍니다." _마더 테레사

기도를 계속하고 기도에 감사함으로 깨어 있으라 _골로새서 4:2

· **마음일기** : 오늘 느낀 감정에 동그라미 해보세요.

뿌듯하다, 살맛나다, 배신감을 느끼다, 분노하다, 애석하다, 애처롭다, 애통하다,
유쾌하다, 당당하다, 애틋하다, 포근하다, 서운하다, 싫다, 절박하다.
그 외

· **산책일기** : 시간(      ) 장소(      ) 걸음 수(      ) 그 외(      )

· **감사일기** : 비록 …… 하지만 …… 해서 감사하다.

ex: 피곤했지만 움직일 수 있어서 감사하다.

### 오늘도 주님께 한 걸음 더

오늘 하루 행복하셨나요? 행복하지 못한 날은 어쩌면 헛산 날입니다. 가만히 보
면 행복은 관계 안에 있습니다. 처음 내 집 장만해서 이사 갔을 때 얼마나 행복
합니까? 하지만 가족들끼리 다투면 그 집이 꼴도 보기 싫습니다. 행복은 소유가
아니라 관계 안에 있기 때문입니다. 가장 소중한 관계는 나 자신과의 관계입니
다. 내가 좋고, 나와의 관계에서 행복감을 느낄 때 세상과도 행복해집니다.

내가 나를 좋아할 수 없으면 남도 나를 좋아할 수 없다. _마크 트웨인

· 기쁨노트 나누기

한 주간 동안 쓴 마음일기, 산책일기, 감사일기를 편안하게 나누어 봅시다.
굳이 모든 것을 다 나눌 필요는 없습니다. 나누고 싶은 것만 나누면 됩니다.

· 함께 기도하기

기쁨노트를 나누면서 느낀 점과 도전받은 것은 무엇인가요?
부탁하고 싶은 기도제목은 무엇인가요?
마음에 품고 기도해 주고 싶은 것은 무엇인가요?
함께 기도제목을 나누며 기도합시다.

8일차부터 영성일기가 첨가됩니다.

## Day 8

· **마음일기** : 오늘 느낀 감정에 동그라미 해보세요.

감격하다, 감동하다, 가혹하다, 골치 아프다, 가슴 아프다, 고단하다, 고민스
럽다, 가뿐하다, 경쾌하다, 감미롭다, 감사하다, 고통스럽다, 괴롭다, 간절하
다. 그 외

· **산책일기** : 시간(      ) 장소(      ) 걸음 수(      ) 그 외(      )

· **감사일기**


· **영성일기** : □성경 읽기 □신앙 도서 □기도 □예배 □묵상 □신앙 영상
  오늘 주님께 받은 은혜나 깨달음은 무엇인가요?


### 오늘도 주님께 한 걸음 더

주님과 친밀해지기 위해 쓰는 영성일기는 오늘 한 것들에 체크하고, 주님께 받
은 은혜나 깨달음을 쓰면 됩니다. 오늘 하루 언제 주님을 생각했는지, 주님이
가깝게 느껴진 때는 언제인지, 주님께 부끄러운 일은 무엇인지 헤아려 봅시다.
주님은 우리와 늘 함께하십니다. 다만 느끼지 못할 뿐입니다.

내 안에 거하라 나도 너희 안에 거하리라 _요한복음 15:4

· **마음일기** : 오늘 느낀 감정에 동그라미 해보세요.

> 여유롭다, 고맙다, 괘씸하다, 기분 상하다, 공허하다, 괴롭다, 슬프다, 기분 좋
> 다, 담담하다, 그립다, 다정하다, 귀찮다, 근심스럽다, 갈망하다.
> 그 외

· **산책일기** : 시간(      ) 장소(      ) 걸음 수(      ) 그 외(      )

· **감사일기**

· **영성일기** : □성경 읽기 □신앙 도서 □기도 □예배 □묵상 □신앙 영상
　　　　　　오늘 주님께 받은 은혜나 깨달음은 무엇인가요?

---

### 오늘도 주님께 한 걸음 더

유대 명언 중에 이런 말이 있습니다.

이 세상에서 가장 현명한 사람은 누구인가? 모든 사람에게 항상 배우는 사람
이다. 이 세상에서 가장 강한 사람은 누구인가? 자기 자신을 이기는 사람이다.
이 세상에서 가장 부유한 사람은 누구인가? 자기가 가진 것으로 만족할 줄 아
는 사람이다.

네가 어디로 가든지 네 하나님 여호와가 너와 함께 하느니라 _**여호수아 1:9**

· **마음일기** : 오늘 느낀 감정에 동그라미 해보세요.

기쁘다, 날아갈 듯하다, 황당하다, 침울하다, 권태롭다, 기분 나쁘다, 명랑하
다, 즐겁다, 개운하다, 뿌듯하다, 끔찍하다, 몸서리치다, 기대하다.
그 외

· **산책일기** : 시간(　　) 장소(　　) 걸음 수(　　) 그 외(　　)

· **감사일기**

· **영성일기** : □성경 읽기 □신앙 도서 □기도 □예배 □묵상 □신앙 영상
　　　　　　오늘 주님께 받은 은혜나 깨달음은 무엇인가요?

### 오늘도 주님께 한 걸음 더

　고난을 역전시키는 비결은 감사에 있습니다. 불평과 원망의 눈으로 보면 모든
것이 고통입니다. 그러나 그 속에서 감사의 조건들을 헤아리면, 원망과 불평이
조금씩 사그라지고 고통스러운 현실을 견딜 수 있는 힘이 생깁니다. 견디는 힘
이 생기면 조금씩 회복되는 역사가 일어납니다.

너희는 감사하는 자기 되라 _골로새서 3:15

· **마음일기** : 오늘 느낀 감정에 동그라미 해보세요.

> 만족스럽다, 가슴 뭉클하다, 화나다, 모멸스럽다, 낙담하다, 마음이 무겁다,
> 멍하다, 산뜻하다, 상쾌하다, 사랑스럽다, 흥겹다, 밉다, 부담스럽다, 흥미롭
> 다. 그 외

· **산책일기** : 시간(    )   장소(    )   걸음 수(    )   그 외(    )

· **감사일기**

· **영성일기** : □성경 읽기 □신앙 도서 □기도 □예배 □묵상 □신앙 영상
               오늘 주님께 받은 은혜나 깨달음은 무엇인가요?

### 오늘도 주님께 한 걸음 더

하나님은 건강한 생활을 할 수 있도록 자가 면역성을 주셨습니다.
과식하지 않기, 물 많이 마시기, 자연식품 먹기, 복식 호흡하기, 하루에 30분
운동하기, 스트레스 관리하기, 말씀과 기도로 마음의 즐거움을 유지하면 면역
력이 높아집니다. 잠시 시간을 내어 기쁨노트를 쓰는 것만으로도 건강한 나를
만들어 갈 수 있습니다.

마음의 즐거움은 양약이라도 심령의 근심은 뼈를 마르게 하느니라 _잠언 17:22

· **마음일기** : 오늘 느낀 감정에 동그라미 해보세요.

반갑다, 벅차다, 미어지다, 불안하다, 비참하다, 서글프다, 암담하다, 갑갑하다, 상큼하다, 신나다, 사랑스럽다, 가볍다, 욱하다, 부담스럽다, 설레다.
그 외

· **산책일기** : 시간(　　　) 　장소(　　　) 　걸음 수(　　　) 　그 외(　　　)

· **감사일기**

· **영성일기** : □성경 읽기 □신앙 도서 □기도 □예배 □묵상 □신앙 영상
　　　　　　오늘 주님께 받은 은혜나 깨달음은 무엇인가요?

**오늘도 주님께 한 걸음 더**

어떤 목회자가 영성 공부를 위해 세계적으로 유명한 교수를 찾아 유학을 갔습니다. 인터뷰에서 그 교수의 질문입니다.
"결혼하셨어요?" "네, 아내와 아이 둘이 있습니다." "아, 그래요. 목사님 저에게 영성을 배우고 싶으면, 오늘부터 집에서 설거지하세요!"
아내(가족)를 사랑하는 것이 영성이고, 설거지로 섬기는 삶이 영성입니다.

자기 아내를 사랑하는 자는 자기를 사랑하는 것이라 _에베소서 5:28

## Day 13

·마음일기 : 오늘 느낀 감정에 동그라미 해보세요.

뿌듯하다, 살맛나다, 배신감을 느끼다, 분노하다, 애석하다, 애처롭다, 애통하다, 유쾌하다, 당당하다, 애틋하다, 포근하다, 서운하다, 싫다, 절박하다.
그 외

·산책일기 : 시간(      )   장소(      )   걸음 수(      )   그 외(      )

·감사일기

·영성일기 : □성경 읽기 □신앙 도서 □기도 □예배 □묵상 □신앙 영상
오늘 주님께 받은 은혜나 깨달음은 무엇인가요?

### 오늘도 주님께 한 걸음 더

날마다 내가 말을 하고 살도록 허락하신 주여,
참으로 아름다운 언어의 집을 짓기 위해 언제나 기도하는 마음으로
도를 닦는 마음으로 말을 하게 하소서
언제나 진실하고 언제나 때에 맞고 언제나 책임 있는 말을 갈고 닦게 하소서.
_이해인 〈날마다 내가 말을 하고 살도록〉 중에서

선한 말을 하여 듣는 자들에게 은혜를 끼치게 하라 _에베소서 4:29

· **기쁨노트 나누기**

한 주간 동안 쓴 마음일기, 산책일기, 감사일기, 영성일기를 편안하게 나누어 봅시다. 굳이 모든 것을 다 나눌 필요는 없습니다. 나누고 싶은 것만 나누면 됩니다.

· **함께 기도하기**

기쁨노트를 나누면서 느낀 점과 도전받은 것은 무엇인가요?

부탁하고 싶은 기도제목은 무엇인가요?

마음에 품고 기도해 주고 싶은 것은 무엇인가요?

함께 기도제목을 나누며 기도합시다.

15일차부터 행복일기가 첨가됩니다.

## Day 15

· 마음일기 : 오늘 느낀 감정에 동그라미 해보세요.

재미있다, 짜릿하다, 불만스럽다, 불쾌하다, 우울하다, 울적하다, 즐겁다,
들뜨다, 화끈거리다, 싫증나다, 쌀쌀하다, 희망차다.
그 외

· 산책일기 : 시간(     )  장소(     )  걸음 수(     )  그 외(     )

· 감사일기

· 영성일기 : □성경 읽기 □신앙 도서 □기도 □예배 □묵상 □신앙 영상
          오늘 주님께 받은 은혜나 깨달음은 무엇인가요?

· 행복일기 : 나에게 힘이 되는 찬양 가사를 써 보세요.

### 오늘도 주님께 한 걸음 더

행복일기는 나에게 주신 주님의 선물들을 찾아 써 보는 것입니다. 살아오면서 나를 웃음 짓게 만들었던 일들을 주어진 질문에 답하는 식으로 쓰면 됩니다. 과거는 지나간 추억입니다. 행복한 추억도, 고통스러운 추억도 지금의 시간에서 다시 생각하면 주님의 은혜임을 깨닫게 됩니다.

행복은 살아 있음을 느끼는 것이다. 우리가 살아 있다는 것, 그것은 기적이다.
_프랑수아 룰로르 《꾸베 씨의 행복 여행》에서

· **마음일기** : 오늘 느낀 감정에 동그라미 해보세요.

한가롭다, 통쾌하다, 소름 끼치다, 속상하다, 참담하다, 의기소침하다, 절망적
이다, 편안하다, 홀가분하다, 흡족하다, 부럽다, 야속하다, 얄밉다, 경이롭다,
새롭다. 그 외

· **산책일기** : 시간(          ) ·장소(          ) 걸음 수(          ) 그 외(          )

· **감사일기**

· **영성일기** : □성경 읽기 □신앙 도서 □기도 □예배 □묵상 □신앙 영상
　　　　　　　 오늘 주님께 받은 은혜나 깨달음은 무엇인가요?

· **행복일기** : 어린 시절 부모님과 즐거웠던 한때를 간단히 적어 보세요.

### 오늘도 주님께 한 걸음 더

일제 강점기 한국의 성 프란치스코로 불린 이용도 목사님의 고백입니다.

"나의 눈도 버리고, 귀도 잘라 버리고, 손과 발도 버리기를 원하나이다. 그러면 내가 보는 대신 주께서 보아 주시고, 내가 듣는 대신 주님께서 들어 주실 것이오니 나의 눈과 귀와 입과 코와 손과 발이 무슨 필요가 있겠나이까? 주님의 눈이 나의 눈이요, 주님의 귀가 나의 귀였나이다. 내 눈은 내 자체에 있지 않고 주님께 있나이다."

나를 따라오려거든 자기를 부인하고 자기 십자가를 지고 _마가복음 8:34

## Day 17

· **마음일기** : 오늘 느낀 감정에 동그라미 해보세요.

푸근하다, 행복하다, 환상적이다, 숨 막히다, 실망하다, 쓰라리다, 지루하다,
창피하다, 처량하다, 활기차다, 흐뭇하다, 신가하다, 억울하다, 원망스럽다.
그 외

· **산책일기** : 시간(      )  장소(      )  걸음 수(      )  그 외(      )

· **감사일기**

· **영성일기** : ☐성경 읽기 ☐신앙 도서 ☐기도 ☐예배 ☐묵상 ☐신앙 영상
　　　　　　오늘 주님께 받은 은혜나 깨달음은 무엇인가요?

· **행복일기** : 나의 외모와 취미, 재능 중에 5가지 이상 장점을 써 보세요.
      많이 쓸수록 좋아요.

### 오늘도 주님께 한 걸음 더

어떻게 보느냐에 따라 우리의 단점은 장점이 될 수 있습니다. 두꺼운 다리가
콤플렉스인가요? 당신의 튼튼한 두 다리 때문에 사랑하는 아이들을 잘 양육할
수 있고, 힘차게 돌아다닐 수 있고, 나이가 들어갈수록 튼튼한 다리에 감사할
일만 남았습니다. 행복은 있는 모습 그대로 사랑하는 것이고 다른 사람과 비교
하지 않는 것입니다.

너로 말미암아 기쁨을 이기지 못하시며 _스바냐 3:17

· **마음일기** : 오늘 느낀 감정에 동그라미 해보세요.

후련하다, 흐뭇하다, 흥분되다, 씁쓸하다, 수치스럽다, 처참하다, 측은하다, 침통하다, 허탈하다, 초라하다, 활발하다, 자유롭다, 지겹다, 속 터지다, 두렵다, 걱정되다, 감탄하다. 그 외

· **산책일기** : 시간(　　) 장소(　　) 걸음 수(　　) 그 외(　　)

· **감사일기**

· **영성일기** : □성경 읽기 □신앙 도서 □기도 □예배 □묵상 □신앙 영상
　　　　　　오늘 주님께 받은 은혜나 깨달음은 무엇인가요?

· 행복일기 : 나의 성격과 일과 관계 중에 5가지 이상 장점을 써 보세요.
　　　　　많이 쓸수록 좋아요.

### 오늘도 주님께 한 걸음 더

주님이 있는 그대로의 나를 사랑하고 돌보시듯 자신을 진심으로 사랑하고 돌볼 때 다른 사람을 진심으로 사랑하고 돌볼 수 있습니다. 자신에게 이렇게 말해 주세요. "너는 참 소중해. 너는 사랑받기 위해 태어났어. 사랑받을 자격도 행복할 권리도 있어. 잘 견뎌줘서 잘 살아줘서 고마워. 사랑해."

너희는 우리의 영광이요 기쁨이니라 _데살로니가전서 2:20

· 마음일기 : 오늘 느낀 감정에 동그라미 해보세요.

감격하다, 감동하다, 가혹하다, 골치 아프다, 가슴 아프다, 고단하다, 고민스
럽다, 가쁜하다, 경쾌하다, 감미롭다, 감사하다, 고통스럽다, 괴롭다, 간절하
다. 그 외

· 산책일기 : 시간(       )   장소(       )   걸음 수(       )   그 외(       )

· 감사일기

· 영성일기 : □성경 읽기 □신앙 도서 □기도 □예배 □묵상 □신앙 영상
            오늘 주님께 받은 은혜나 깨달음은 무엇인가요?

· 행복일기 : 한평생 붙들고 싶은 성경 말씀을 적어 보세요.

## 오늘도 주님께 한 걸음 더

성 어거스틴은 《하나님의 도성》에서 "고통은 누구나 다 받는 것이다. 그러나 고통을 당하는 사람은 동일하지 않다. 악한 사람은 고통 속에서 하나님을 원망하고, 선한 사람은 고난을 통해서 하나님을 찾고 하나님을 찬양한다."

인생을 살면서 누구나 고통을 피할 수 없지만 믿음의 사람들은 창조적인 에너지로 만들어 도리어 다른 사람을 돕고, 세상을 바꾸는 힘이 됩니다.

고난 당한 것이 내게 유익이라 _시편 119:71

· **마음일기** : 오늘 느낀 감정에 동그라미 해보세요.

여유롭다, 고맙다, 괘씸하다, 기분 상하다, 공허하다, 괴롭다, 슬프다, 기분 좋다, 담담하다, 그립다, 다정하다, 귀찮다, 근심스럽다, 갈망하다.
그 외

· **산책일기** : 시간(       )  장소(       )  걸음 수(       )  그 외(       )

· **감사일기**

· **영성일기** : □성경 읽기 □신앙 도서 □기도 □예배 □묵상 □신앙 영상
　　　　　　오늘 주님께 받은 은혜나 깨달음은 무엇인가요?

· **행복일기** : 살면서 '주님이 도와주셨구나' 느꼈던 때는 언제인가요?

내가 나 된 것은 하나님의 은혜로 된 것이니 _고린도전서 15:10

· 기쁨노트 나누기

한 주간 동안 쓴 마음일기, 산책일기, 감사일기, 영성일기, 행복일기를 편안하게 나누어 봅시다. 굳이 모든 것을 다 나눌 필요는 없습니다. 나누고 싶은 것만 나누면 됩니다.

· 함께 기도하기

기쁨노트를 나누면서 느낀 점과 도전받은 것은 무엇인가요?
부탁하고 싶은 기도제목은 무엇인가요?
마음에 품고 기도해 주고 싶은 것은 무엇인가요?
함께 기도제목을 나누며 기도합시다.

22일차부터 선행일기가 첨가됩니다.

주님, 우리에게 영감을 주셔서
밤낮으로 성경을 읽고 묵상하게 하소서.
성경을 읽을 때마다
우리에게 필요한 참된 깨달음을 주시고,
그래서 얻은 교훈을
실천에 옮기게 하소서.

우리는 알고 있습니다.
성경에 대한 깨달음이 있고
그것을 실천하려고 애써도
당신의 은혜로운 사랑에 뿌리내리지 않으면
아무 쓸모가 없다는 것을.

그러니 성경의 언어들이
종이 위의 글자가 아닌
우리 가슴 깊은 곳에
당신의 은총을 전해 주는
통로가 되기를 간구합니다.

_오리게네스

· 마음일기 : 오늘 느낀 감정에 동그라미 해보세요.

기쁘다, 날아갈 듯하다, 황당하다, 침울하다, 권태롭다, 기분 나쁘다, 명랑하
다, 즐겁다, 개운하다, 뿌듯하다, 끔찍하다, 몸서리치다, 기대하다.
그 외

· 산책일기 : 시간(　　) 장소(　　) 걸음 수(　　) 그 외(　　)

· 감사일기

· 영성일기 : □성경 읽기 □신앙 도서 □기도 □예배 □묵상 □신앙 영상
　　　　　오늘 주님께 받은 은혜나 깨달음은 무엇인가요?

· **행복일기** : 소중하게 여기는 물건과 이유를 간단히 적어 보세요.




· **선행일기**  ex: 가족을 위해 정성을 다해 식사를 준비했다.




### 오늘도 주님께 한 걸음 더

선행일기는 "이 땅에 사는 동안, 여호와를 굳게 믿고, 착한 일을 하면서 주님의 모습을 닮아 가십시오"(시 37:3)라고 하신 말씀에 대한 실천입니다. 나의 하루를 돌아보고 내가 한 착한 일과 그 느낌을 적어 보면 행복하고 흐뭇합니다. 선한 행동뿐 아니라, 따뜻한 말, 위로의 말 같은 정서적인 행동도 선행입니다. 선한 행동과 선한 말은 우리를 주님의 사람으로 든든히 세워줍니다.

마음을 다하여 주께 하듯 하고 사람에게 하듯 하지 말라 _**골로새서 3:23**

·**마음일기** : 오늘 느낀 감정에 동그라미 해보세요.

> 만족스럽다, 가슴 뭉클하다, 화나다, 모멸스럽다, 낙담하다, 마음이 무겁다, 멍하다, 산뜻하다, 상쾌하다, 사랑스럽다, 흥겹다, 밉다, 부담스럽다, 흥미롭다. 그 외

·**산책일기** : 시간(      ) 장소(      ) 걸음 수(      ) 그 외(      )

·**감사일기**

·**영성일기** : □성경 읽기 □신앙 도서 □기도 □예배 □묵상 □신앙 영상
　　　　　　오늘 주님께 받은 은혜나 깨달음은 무엇인가요?

· **행복일기** : 가장 좋아하는 음식과 만드는 방법을 적어 보세요.

· **선행일기**  ex: 엘리베이터에서 만난 이웃에게 먼저 인사했다.

**오늘도 주님께 한 걸음 더**

순교자는 '역사 속의 순교자'와 '생활 속의 순교자'가 있습니다. 역사 속의 순교
자는 공적인 순교자요, 특별하게 선택받은 분들입니다. 이 시대의 기독교인은
'생활 속의 순교자'입니다. 날마다 생활 속에서 자신의 이기심을 부인하고, 작
은 일에 헌신하고 주님의 영광을 위해 살아가는 사람들입니다.

나는 날마다 죽노라 _고린도전서 15:31

· 마음일기 : 오늘 느낀 감정에 동그라미 해보세요.

반갑다, 벅차다, 미어지다, 불안하다, 비참하다, 서글프다, 암담하다, 갑갑하
다, 상큼하다, 신나다, 사랑스럽다, 가볍다, 욱하다, 부담스럽다, 설레다.
그 외

· 산책일기 : 시간(　　　) 장소(　　　) 걸음 수(　　　) 그 외(　　　)

· 감사일기

· 영성일기 : □성경 읽기 □신앙 도서 □기도 □예배 □묵상 □신앙 영상
　　　　　　오늘 주님께 받은 은혜나 깨달음은 무엇인가요?

· **행복일기** : 좋은 기억으로 남은 선생님 이름과 사연을 적어 보세요.

· **선행일기**  ex: 길에서 휴지를 주워 휴지통에 넣었다.

## 오늘도 주님께 한 걸음 더

오프라 윈프리는 하루도 빠짐없이 하는 일이 있는데 바로 감사일기 쓰기라고 합니다. 그는 이 일을 통해 두 가지를 배웠다고 고백합니다. 인생에서 소중한 것이 무엇인지와 삶의 중심을 어디에 맞춰야 하는지입니다. 이것이 감사일기 의 힘입니다.

어떠한 감사로 하나님께 보답할까 _데살로니가전서 3:9

· 마음일기 : 오늘 느낀 감정에 동그라미 해보세요.

뿌듯하다, 살맛나다, 배신감을 느끼다, 분노하다, 애석하다, 애처롭다, 애통하다, 유쾌하다, 당당하다, 애틋하다, 포근하다, 서운하다, 싫다, 절박하다.
그 외

· 산책일기 : 시간(       )   장소(       )   걸음 수(       )   그 외(       )

· 감사일기

· 영성일기 : □성경 읽기 □신앙 도서 □기도 □예배 □묵상 □신앙 영상
오늘 주님께 받은 은혜나 깨달음은 무엇인가요?

· 행복일기 : 어린 시절 좋은 기억으로 남는 친구 이름을 적어 보세요.

· 선행일기  ex: 사용하지 않는 전기 제품 플러그를 뽑아서 대기전력을 아꼈다.

### 오늘도 주님께 한 걸음 더

심리학 이론에 따르면 신에 대한 이미지는 부모의 이미지와 깊이 연관되어 있습니다. 무섭고 처벌적인 부모 밑에서 자란 사람은 하나님도 무서운 분으로, 반면 따뜻하고 사려 깊은 사랑을 경험한 사람은 하나님을 따뜻한 분으로 인식합니다.

내 안에는 어떤 하나님의 이미지가 있나요? 십자가에서 보여 준 한없는 아버지의 사랑을 만날 때 상처받은 우리의 마음에 치유가 일어납니다.

하나님의 사랑에서 끊을 수 없으리라 _로마서 8:39

· **마음일기** : 오늘 느낀 감정에 동그라미 해보세요.

재미있다, 짜릿하다, 불만스럽다, 불쾌하다, 우울하다, 울적하다, 즐겁다, 들뜨다, 화끈거리다, 싫증나다, 쌀쌀하다, 희망차다. 그 외

· **산책일기** : 시간(      ) 장소(      ) 걸음 수(      ) 그 외(      )

· **감사일기**

· **영성일기** : □성경 읽기 □신앙 도서 □기도 □예배 □묵상 □신앙 영상
　　　　　　 오늘 주님께 받은 은혜나 깨달음은 무엇인가요?

· 행복일기 : 좋아하는 저자와 책 제목을 적어 보세요.




· 선행일기  ex: 설거지할 때 물을 아꼈다.

세상을 이기는 승리는 이것이니 우리의 믿음이니라 _요한일서 5:4

· **마음일기** : 오늘 느낀 감정에 동그라미 해보세요.

한가롭다, 통쾌하다, 소름 끼치다, 속상하다, 참담하다, 의기소침하다, 절망적
이다, 편안하다, 홀가분하다, 흡족하다, 부럽다, 야속하다, 얄밉다, 경이롭다,
새롭다. 그 외

· **산책일기** : 시간(          ) 장소(          ) 걸음 수(          ) 그 외(          )

· **감사일기**

· **영성일기** : ☐성경 읽기 ☐신앙 도서 ☐기도 ☐예배 ☐묵상 ☐신앙 영상
　　　　　　　오늘 주님께 받은 은혜나 깨달음은 무엇인가요?

· 행복일기 : 내 인생의 영화는 무엇인가요?




· 선행일기  ex: 대형 마트에 가지 않고 동네 시장에서 장을 봤다.




### 오늘도 주님께 한 걸음 더

우리는 바라보는 것을 닮아가기 마련입니다. 우리가 매일 주님을 바라보고, 생각하는 이유는 예수님 닮아가기 위해서입니다. 예수님의 지혜로우심을 바라보면 지혜로와지고, 온유하심을 바라보면 온유한 사람이 되어갑니다. 예수님의 정직하심을 바라보면 정직해지고, 사랑하심을 바라보면 사랑이 흐르는 삶을 살아갑니다.

믿음의 주요 온전하게 하시는 이인 예수를 바라보자 _히브리서 12:2

## Day 28

· 기쁨노트 나누기

한 주간 동안 쓴 마음일기, 산책일기, 감사일기, 영성일기, 행복일기, 선행일기를 편안하게 나누어 봅시다. 굳이 모든 것을 다 나눌 필요는 없습니다. 나누고 싶은 것만 나누면 됩니다.

· 함께 기도하기

기쁨노트를 나누면서 느낀 점과 도전받은 것은 무엇인가요?
부탁하고 싶은 기도제목은 무엇인가요?
마음에 품고 기도해 주고 싶은 것은 무엇인가요?
함께 기도제목을 나누며 기도합시다.

이러므로 내가 하늘과 땅에 있는 각 족속에게

이름을 주신 아버지 앞에 무릎을 꿇고 비노니

그의 영광의 풍성함을 따라

그의 성령으로 말미암아

너희 속사람을 능력으로 강건하게 하시오며

믿음으로 말미암아

그리스도께서 너희 마음에 계시게 하시옵고

너희가 사랑 가운데서 뿌리가 박히고 터가 굳어져서

능히 모든 성도와 함께

지식에 넘치는 그리스도의 사랑을 알고

그 너비와 길이와 높이와 깊이가 어떠함을 깨달아

하나님의 모든 충만하신 것으로

너희에게 충만하게 하시기를 구하노라

(에베소서 3:14-19).

_사도 바울의 기도

・ ・ ・

· 마음일기 : 오늘 느낀 감정에 동그라미 해보세요.

> 푼근하다, 행복하다, 환상적이다, 숨 막히다, 실망하다, 쓰라리다, 지루하다,
> 창피하다, 처량하다, 활기차다, 흐뭇하다, 신가하다, 억울하다, 원망스럽다.
> 그 외

· 산책일기 : 시간(　　　) 장소(　　　) 걸음 수(　　　) 그 외(　　　)

· 감사일기

· 영성일기 : □성경 읽기 □신앙 도서 □기도 □예배 □묵상 □신앙 영상
　　　　　　 오늘 주님께 받은 은혜나 깨달음은 무엇인가요?

· **행복일기** : 어려울 때 도움을 준 이들의 이름을 적어 보세요.

· **선행일기** ex: 가족들을 안아주며 축복해 주었다.

---

### 오늘도 주님께 한 걸음 더

고아의 아버지, 기도의 능력자로 알려진 조지 뮬러는 이렇게 말했습니다.
"나는 하나님께서 기도할 때마다 쉽게 응답해 주시지 않은 것을 감사한다. 금방 응답하시면 기도를 쉬었을 것이다. 하나님께서 응답해 주시지 않으셨기 때문에 나는 기도하고 기도했으며 또 매달렸다. 나는 기도를 통해 기도하는 성품을 얻게 되었고, 기도를 들으시는 하나님의 사랑을 깨닫게 되었고, 너무나도 쉽게 문제를 푸는 하나님의 능력을 발견하게 되었다."

너희 구할 것을 감사함으로 하나님께 아뢰라 _**빌립보서 4:6**

· 마음일기 : 오늘 느낀 감정에 동그라미 해보세요.

후련하다, 흐뭇하다, 흥분되다, 씁쓸하다, 수치스럽다, 처참하다, 측은하다, 침통하다, 허탈하다, 초라하다, 활발하다, 자유롭다, 지겹다, 속 터지다, 두렵다, 걱정되다, 감탄하다.  그 외

· 산책일기 : 시간(     )  장소(     )  걸음 수(     )  그 외(     )

· 감사일기

· 영성일기 : □성경 읽기 □신앙 도서 □기도 □예배 □묵상 □신앙 영상
오늘 주님께 받은 은혜나 깨달음은 무엇인가요?

· **행복일기 :** 살면서 가장 잘한 일은 무엇인가요?




· **선행일기** ex: 동료의 어려움을 들어주고 위로해 주었다.




### 오늘도 주님께 한 걸음 더

가슴으로 대화하는 좋은 방법은 서로의 눈을 바라보는 것입니다. 관계에 문제가 생기면 서로의 눈을 바라보기 힘듭니다. 눈은 많은 것들을 담고 있습니다. 상대방이 말하지 못한 감정들이 녹아 있습니다. 오늘 가족들의 눈을 한번 가만히 바라보세요. 외로움, 슬픔, 불안 등 마음에 느껴지는 가족들의 감정을 마음에 담고 따뜻하게 손잡아 주세요.

고마운 친구야, 세월이 갈수록 너는 또 하나의 나임을 알게 된다. _이해인 〈친구에게〉에서

· 마음일기 : 오늘 느낀 감정에 동그라미 해보세요.

감격하다, 감동하다, 가혹하다, 골치 아프다, 가슴 아프다, 고단하다, 고민스
럽다, 가뿐하다, 경쾌하다, 감미롭다, 감사하다, 고통스럽다, 괴롭다, 간절하
다. 그 외

· 산책일기 : 시간(　　　) 장소(　　　) 걸음 수(　　　) 그 외(　　　)

· 감사일기

· 영성일기 : □성경 읽기 □신앙 도서 □기도 □예배 □묵상 □신앙 영상
　　　　　　 오늘 주님께 받은 은혜나 깨달음은 무엇인가요?

· 행복일기 : 내 인생을 따뜻하게 해준 말은 무엇인가요?




· 선행일기  ex: 자녀와 대화하며 고민을 들어 주었다.




### 오늘도 주님께 한 걸음 더

누군가를 사랑할 때 내 안에 주님의 사랑이 없으면 그 사랑은 자기애적 사랑이 되고 맙니다. 진정한 사랑은 "하나님께 속한 것(요일 4:7)"이라 했듯이 하나님으로부터 옵니다. 우리가 은혜를 받았다고 할 때 그 은혜는 주님이 나를 얼마나 사랑하셨는지 경험하는 것입니다. 주님의 사랑을 경험할 때 비로소 우리는 다른 사람을 사랑할 힘을 얻게 됩니다.

내가 너희를 사랑한 것 같이 너희도 서로 사랑하라 _요한복음 13:34

· **마음일기** : 오늘 느낀 감정에 동그라미 해보세요.

여유롭다, 고맙다, 괘씸하다, 기분 상하다, 공허하다, 괴롭다, 슬프다, 기분 좋
다, 담담하다, 그립다, 다정하다, 귀찮다, 근심스럽다, 갈망하다.
그 외

· **산책일기** : 시간(     )  장소(     )  걸음 수(     )  그 외(     )

· **감사일기**

· **영성일기** : □성경 읽기 □신앙 도서 □기도 □예배 □묵상 □신앙 영상
　　　　　　오늘 주님께 받은 은혜나 깨달음은 무엇인가요?

· 행복일기 : 살면서 인생의 전환점이 되었던 때는 언제인가요?

· 선행일기  ex: 친구들에게 문자 메시지를 보내 힘이 되어 주었다.

**오늘도 주님께 한 걸음 더**

심리학자 로버트 에몬스는 감사일기 작성에 대해 흥미로운 실험을 했습니다. 그는 12세에서 80세 사이의 사람들을 두 그룹으로 나누고 10주 동안 한 그룹에는 감사일기를 꾸준히 쓰게 하고, 다른 그룹에는 불평일기를 쓰게 했습니다. 10주 후 두 그룹에는 큰 차이가 있었습니다. 감사일기를 쓴 그룹은 이전보다 행복지수가 높게 나타났고, 수면, 일, 운동 등에서도 좋은 결과를 냈습니다. 감사일기를 쓴 것만으로도 호르몬이 변하고 면역력이 높아졌습니다.

오히려 감사하는 말을 하라 _에베소서 5:4

· 마음일기 : 오늘 느낀 감정에 동그라미 해보세요.

기쁘다, 날아갈 듯하다, 황당하다, 침울하다, 권태롭다, 기분 나쁘다, 명랑하다, 즐겁다, 개운하다, 뿌듯하다, 끔찍하다, 몸서리치다, 기대하다.
그 외

· 산책일기 : 시간(       )  장소(       )  걸음 수(       )  그 외(       )

· 감사일기

· 영성일기 : □성경 읽기 □신앙 도서 □기도 □예배 □묵상 □신앙 영상
　　　　　  오늘 주님께 받은 은혜나 깨달음은 무엇인가요?

· 행복일기 : 언제 주님을 인격적으로 만났나요?

· 선행일기 ex: 어려움에 처한 동료를 위해 중보 기도해 주었다.

이는 내 사랑하는 아들이요 내 기뻐하는 자라 _마태복음 3:17

· 마음일기 : 오늘 느낀 감정에 동그라미 해보세요.

만족스럽다, 가슴 뭉클하다, 화나다, 모멸스럽다, 낙담하다, 마음이 무겁다, 멍하다, 산뜻하다, 상쾌하다, 사랑스럽다, 흥겹다, 밉다, 부담스럽다, 흥미롭다. 그 외

· 산책일기 : 시간(      ) 장소(      ) 걸음 수(      ) 그 외(      )

· 감사일기

· 영성일기 : □성경 읽기 □신앙 도서 □기도 □예배 □묵상 □신앙 영상
　　　　　　 오늘 주님께 받은 은혜나 깨달음은 무엇인가요?

· **행복일기** : 가장 기억에 남는 여행지는 어디인가요?

· **선행일기** ex: 길을 물어보는 사람에게 친절하게 안내해 주었다.

**오늘도 주님께 한 걸음 더**

휴식을 위해, 건강을 위해 천천히 걷는 산책은 우리 일상에 큰 기쁨이 됩니다.
산책하면서 변해가는 계절의 공기를 마시고, 시시각각 다양한 모양으로 수놓
아가는 하늘을 만나게 됩니다. 이 땅에서 충만히 살아가는 우리는 주님의 따뜻
한 눈길과 맞닿게 하는 안식을 누리게 됩니다.

대추가 저절로 붉어질 리는 없다. 저 안에 태풍 몇 개, 천둥 몇 개, 벼락 몇 개
_장석주 〈대추 한 알〉에서

· 기쁨노트 나누기

한 주간 동안 쓴 마음일기, 산책일기, 감사일기, 영성일기, 행복일기, 선행일기를 편안하게 나누어 봅시다. 굳이 모든 것을 다 나눌 필요는 없습니다.
나누고 싶은 것만 나누면 됩니다.

· 함께 기도하기

기쁨노트를 나누면서 느낀 점과 도전받은 것은 무엇인가요?
부탁하고 싶은 기도제목은 무엇인가요?
마음에 품고 기도해 주고 싶은 것은 무엇인가요?
함께 기도제목을 나누며 기도합시다.

주여, 나를 평화의 도구로 써 주소서.
미움이 있는 곳에 사랑을
상처가 있는 곳에 용서를
분열이 있는 곳에 일치를
의혹이 있는 곳에 믿음을 심게 하소서.

주여 나를 평화의 도구로 써 주소서.
오류가 있는 곳에 진리를
절망이 있는 곳에 희망을
어둠이 있는 곳에 광명을
슬픔이 있는 곳에 기쁨을 심게 하소서.

위로 받기보다는 위로하며
이해 받기보다는 이해하며
사랑 받기보다는 사랑하며
자기를 온전히 줌으로써 영생을 얻기 때문이니
주여, 나를 평화의 도구로 써 주소서.

_성 프란치스코의 〈평화의 기도〉

· **마음일기** : 오늘 느낀 감정에 동그라미 해보세요.

반갑다, 벅차다, 미어지다, 불안하다, 비참하다, 서글프다, 암담하다, 갑갑하
다, 상큼하다, 신나다, 사랑스럽다, 가볍다, 욱하다, 부담스럽다, 설레다.
그 외

· **산책일기** : 시간(      )  장소(      )  걸음 수(      )  그 외(      )

· **감사일기**

· **영성일기** : □성경 읽기 □신앙 도서 □기도 □예배 □묵상 □신앙 영상
　　　　　　 오늘 주님께 받은 은혜나 깨달음은 무엇인가요?

· **행복일기** : 자기 자신에게 칭찬의 말을 해주세요.

· **선행일기**

### 오늘도 주님께 한 걸음 더

게리 채프먼의 《5가지 사과의 언어》에서 용서와 화해는 잘못을 인정하는 사과를 통해서 가능하다고 합니다. 성경은 우리가 죄를 자백하면 하나님이 용서하신다고 했는데, 자백은 자신의 죄를 진심으로 사과하는 것입니다. 5가지 사과의 언어는 ① 미안해. ② 내가 잘못했어. ③ 어떻게 하면 좋을까? ④ 다신 안 그럴게. ⑤ 날 용서해 줄래, 입니다. 아쉽게도 우리는 "미안해" 이 한마디를 못해서 평생 싸우고 삽니다.

흔들리지 않고 피는 꽃이 어디 있으랴 그 어떤 아름다운 꽃도 흔들리며 피었나니
_도종환 〈흔들리며 피는 꽃〉에서

· 마음일기 : 오늘 느낀 감정에 동그라미 해보세요.

뿌듯하다, 살맛나다, 배신감을 느끼다, 분노하다, 애석하다, 애처롭다, 애통하다, 유쾌하다, 당당하다, 애틋하다, 포근하다, 서운하다, 싫다, 절박하다.
그 외

· 산책일기 : 시간(      )  장소(      )  걸음 수(      )  그 외(      )

· 감사일기

· 영성일기 : □성경 읽기 □신앙 도서 □기도 □예배 □묵상 □신앙 영상
              오늘 주님께 받은 은혜나 깨달음은 무엇인가요?

· 행복일기 : 지금의 내가 어린 나에게 해주고 싶은 말은 무엇인가요?

· 선행일기

## 오늘도 주님께 한 걸음 더

선한 일의 의미를 조금 더 확장해 봅시다. 우리의 이웃과 다음 세대를 위해, 내일을 위해 환경을 생각하면 좋겠습니다. 이는 내 가족뿐만 아니라 더불어 살아가는 방법이고 지구별을 아끼는 작은 실천입니다. 이웃에게 인사 건네기, 쓰레기 줍기, 종이컵(플라스틱 컵) 대신 텀블러 사용하기, 승강기 대신 계단으로 오르기, 상냥하고 아름다운 말 사용하기 등입니다.

선한 사람은 그 쌓은 선에서 선한 것을 내고 _마태복음 12:35

· 마음일기 : 오늘 느낀 감정에 동그라미 해보세요.

재미있다, 짜릿하다, 불만스럽다, 불쾌하다, 우울하다, 울적하다, 즐겁다, 들뜨다, 화끈거리다, 싫증나다, 쌀쌀하다, 희망차다. 그 외

· 산책일기 : 시간(       )   장소(       )   걸음 수(       )   그 외(       )

· 감사일기

· 영성일기 : □성경 읽기 □신앙 도서 □기도 □예배 □묵상 □신앙 영상
　　　　　　오늘 주님께 받은 은혜나 깨달음은 무엇인가요?

· **행복일기** : 내 인생에서 소중한 것들을 써 보세요. (사람, 물건, 사상 등)

· **선행일기**

### 오늘도 주님께 한 걸음 더

두 팔과 다리가 없는 닉 부이치치는 《닉 아저씨처럼 기도해 봐》에서 이런 말을 했습니다.

"내가 외롭고 힘들고 어려울 때 하나님이 나의 친구가 되어 주었어. 하나님은 내게 팔다리를 주시지 않았지만, 그보다 훨씬 놀라운 일을 선물해 주셨어. 아마 너의 삶에도 특별한 일이 준비되어 있을 거야, 오늘부터 기도해 봐. 너도 하나님을 만나고 기적을 경험할 거야."

아무 것도 없는 자 같으나 모든 것을 가진 자로다 _고린도후서 6:10

· 마음일기 : 오늘 느낀 감정에 동그라미 해보세요.

한가롭다, 통쾌하다, 소름 끼치다, 속상하다, 참담하다, 의기소침하다, 절망적
이다, 편안하다, 홀가분하다, 흡족하다, 부럽다, 야속하다, 얄밉다, 경이롭다,
새롭다. 그 외

· 산책일기 : 시간(      ) 장소(      ) 걸음 수(      ) 그 외(      )

· 감사일기

· 영성일기 : □성경 읽기 □신앙 도서 □기도 □예배 □묵상 □신앙 영상
        오늘 주님께 받은 은혜나 깨달음은 무엇인가요?

· 행복일기 : 나만의 소확행(소소하지만 확실한 행복)은 무엇인가요?

· 선행일기

**오늘도 주님께 한 걸음 더**

나에게 고마움을 느낀 적이 있나요? 나를 안아주면서 축복한 적이 있나요?

녹록지 않은 세월을 함께 견뎌온 나인데 그런 나에게 따뜻하게 미소를 지어주고, 고맙다고 이야기해 줍시다.

그러면 내 안에 있는 슬픔, 고통, 억울함 들을 풀어 달라고 다른 사람들에게 매달리지 않게 됩니다. 그리고 다시 힘을 내서 당당한 나로 잘 견디며 살아가게 됩니다.

하나님의 가장 좋아하는 장소는 사람의 가슴이다. _유대 속담

· **마음일기** : 오늘 느낀 감정에 동그라미 해보세요.

> 푸근하다, 행복하다, 환상적이다, 숨 막히다, 실망하다, 쓰라리다, 지루하다,
> 창피하다, 처량하다, 활기차다, 흐뭇하다, 신가하다, 억울하다, 원망스럽다.
> 그 외

· **산책일기** : 시간(        )  장소(        )  걸음 수(        )  그 외(        )

· **감사일기**

· **영성일기** : □성경 읽기 □신앙 도서 □기도 □예배 □묵상 □신앙 영상
　　　　　　　오늘 주님께 받은 은혜나 깨달음은 무엇인가요?

· 행복일기 : 오늘 뜻밖에 찾은 기쁨은 무엇인가요?

· 선행일기

### 오늘도 주님께 한 걸음 더

영성을 쉽게 검증할 방법이 있습니다.

어떤 일을 하고 나서 이것이 "내가 한 일인가, 우리가 한 일인가?" 물어보는 것입니다.

아이가 밥 먹기 싫다고 짜증을 내며 투정할 때 밥그릇을 빼앗고 화를 내면 그것은 내가 한 일인가요? 아니면 주님과 내가(우리가) 한 일인가요? 우리의 일상 속에 내가 한 일과 우리가 한 일을 묻고 우리가 하는 일이 많아지면 영적인 사람입니다.

버려야 할 것이 무엇인지 아는 순간부터 나무는 가장 아름답게 불탄다. _도종환 〈단풍드는 날〉에서

· 마음일기 : 오늘 느낀 감정에 동그라미 해보세요.

후련하다, 흐뭇하다, 흥분되다, 씁쓸하다, 수치스럽다, 처참하다, 측은하다, 침통하다, 허탈하다, 초라하다, 활발하다, 자유롭다, 지겹다, 속 터지다, 두렵다, 걱정되다, 감탄하다. 그 외

· 산책일기 : 시간(          )  장소(          )  걸음 수(          )  그 외(          )

· 감사일기

· 영성일기 : □성경 읽기 □신앙 도서 □기도 □예배 □묵상 □신앙 영상
　　　　　　　오늘 주님께 받은 은혜나 깨달음은 무엇인가요?

· 행복일기 : 어릴 때 하고 싶었던 일 중에 지금 시도하고 싶은 것은 무엇인가요?

· 선행일기

**오늘도 주님께 한 걸음 더**

세상에 나쁜 사람은 나뿐인 사람입니다. 나쁜 아빠는 나뿐인 아빠이고, 나쁜 자식은 나뿐인 자식입니다. 나뿐인 사람은 자기가 하나님입니다.

이런 자기가 깨지는 경험이 없이는 신앙의 길로 들어갈 수 없습니다. 그런데 이것을 두려워합니다. 그저 옛날 모습 그대로 살고 싶어 합니다.

바울 사도처럼 고백합시다.

"나는 날마다 죽습니다"(고린도전서 15:31).

십자가의 도가 구원을 받는 우리에게는 하나님의 능력이라 _고린도전서 1:18

· 기쁨노트 나누기

한 주간 동안 쓴 마음일기, 산책일기, 감사일기, 영성일기, 행복일기, 선행일기를 편안하게 나누어 봅시다. 굳이 모든 것을 다 나눌 필요는 없습니다. 나누고 싶은 것만 나누면 됩니다.

· 함께 기도하기

기쁨노트를 나누면서 느낀 점과 도전받은 것은 무엇인가요?

부탁하고 싶은 기도제목은 무엇인가요?

마음에 품고 기도해 주고 싶은 것은 무엇인가요?

함께 기도제목을 나누며 기도합시다.

오, 하나님, 이른 새벽에 당신께 부르짖습니다.
우리의 생각을 당신께 집중시켜
당신을 예배드릴 수 있도록 도와주소서.
우리 혼자서는 할 수 없습니다.
우리 안에는 짙은 어둠이 깃들어 있습니다.
그러나 당신께는 빛이 있습니다.
우리는 외롭고 쓸쓸합니다.
그러나 당신은 우리를 떠나지 않으십니다.
우리의 마음은 연약하기 그지없습니다.
그러나 당신께서 우리를 도와주십니다.
우리는 늘 불안 가운데 살아갑니다.
그러나 당신께는 평안이 있습니다.

우리 안에는 고통이 있습니다.
그러나 당신께는 인내가 있습니다.
우리는 당신의 길을 알지 못합니다.
그러나 당신은 우리를 위한 길을 알고 계십니다.
우리의 자유를 회복시켜 주소서.
오늘 하루를 당신과 사람들 앞에서
책임감 있게 살아갈 수 있는 능력을 베풀어 주소서.
주님, 이번 주에 그 무슨 일이 우리에게 닥치더라도
당신의 이름이 찬양받게 하소서.


_디트리히 본회퍼

· **마음일기** : 오늘 느낀 감정에 동그라미 해보세요.

감격하다, 감동하다, 가혹하다, 골치 아프다, 가슴 아프다, 고단하다, 고민스럽다, 가뿐하다, 경쾌하다, 감미롭다, 감사하다, 고통스럽다, 괴롭다, 간절하다. 그 외

이런 감정을 느낀 이유는?

· **산책일기** : 시간(      ) 장소(      ) 걸음 수(      ) 그 외(      )

· **감사일기**

· **영성일기** : □성경 읽기 □신앙 도서 □기도 □예배 □묵상 □신앙 영상
　　　　　　오늘 주님께 받은 은혜나 깨달음은 무엇인가요?

· **행복일기** : 지금까지 잘 살아온 내게 해주고 싶은 말을 적어 보세요.

· **선행일기**

## 오늘도 주님께 한 걸음 더

랄프 왈도 에머슨은 성공을 이렇게 이야기합니다.

자주 그리고 많이 웃는 것.

현명한 이에게 존경을 받고 아이들에게서 사랑받는 것.

건강한 아이를 낳든, 한 뙈기의 정원을 가꾸든, 사회 환경을 개선하든 자기가

태어나기 전보다 세상을 조금이라도 살기 좋은 곳으로 만들어 놓고 떠나는 것.

자신이 한때 이곳에 살았음으로써 단 한 사람의 인생이라도 행복해지는 것.

머물다 간 자리 아름답기를, 부모로 배우자로 그리스도인으로 머문자리. **_송규의**

· 마음일기 : 오늘 느낀 감정에 동그라미 해보세요.

여유롭다, 고맙다, 괘씸하다, 기분 상하다, 공허하다, 괴롭다, 슬프다, 기분 좋
다, 담담하다, 그립다, 다정하다, 귀찮다, 근심스럽다, 갈망하다.
그 외

이런 감정을 느낀 이유는?

· 산책일기 : 시간(        ) 장소(        ) 걸음 수(        ) 그 외(        )

· 감사일기

· 영성일기 : □성경 읽기 □신앙 도서 □기도 □예배 □묵상 □신앙 영상
　　　　　　오늘 주님께 받은 은혜나 깨달음은 무엇인가요?

· 행복일기 : 이 시간 주님께 듣고 싶은 말씀은 무엇인가요?

· 선행일기

### 오늘도 주님께 한 걸음 더

나는 나에게 어떤 엄마인가요? 실수하면 지적하고 비난하는 엄마인가요? 아니면 상한 감정 때문에 지쳐있지는 않은지, 자신을 살피며 '괜찮아' 다독이고, '잘했어' 칭찬하며, '힘내' 격려해 주는 따뜻한 엄마인가요? 내가 나에게 나쁜 엄마일 때 가족들에게도 나쁜 엄마가 됩니다. 오늘 나를 내가 안아주며 한마디 해주세요. '괜찮아, 수고 많았어. 네가 나라서 감사해.'

누군가에게 깊이 사랑받고 있으면 힘이 생기고 누군가를 깊이 사랑하면 용기가 생긴다. _노자

· **마음일기** : 오늘 느낀 감정에 동그라미 해보세요.

기쁘다, 날아갈 듯하다, 황당하다, 침울하다, 권태롭다, 기분 나쁘다, 명랑하다, 즐겁다, 개운하다, 뿌듯하다, 끔찍하다, 몸서리치다, 기대하다.
그 외

이런 감정을 느낀 이유는?

· **산책일기** : 시간(      )  장소(      )  걸음 수(      )  그 외(      )

· **감사일기**

· **영성일기** : □성경 읽기 □신앙 도서 □기도 □예배 □묵상 □신앙 영상
오늘 주님께 받은 은혜나 깨달음은 무엇인가요?

· **행복일기** : 무엇을 할 때 행복을 느끼나요?

ex: 반신욕, 꽃 사진 찍기, 산책하기, 노을 보기 등

· **선행일기**

## 오늘도 주님께 한 걸음 더

아무것도 사지 않는 날(Buy Nothing Day's, 11월 마지막 주)을 알고 있나요? 필요 없는 물건을 사지 않는 날로 1992년 캐나다의 아티스트 운동에서 시작되어 지금은 세계 각국에서 실천하고 있습니다.

물질이 과잉되는 이 시대에 "인자는 머리 둘 곳이 없다" 하신 주님의 검소함과 단순한 삶을 우리도 살아보는 것입니다. 그리고 나에게 선물 주고 싶은 날은 오히려 물건을 사지 않고, 의미 있는 활동이나 봉사를 통해 진정한 기쁨을 내면에 선물해 봅시다.

너희는 나를 본받는 자가 되라 _**고린도전서 11:1**

· **마음일기** : 오늘 느낀 감정에 동그라미 해보세요.

반갑다, 벅차다, 미어지다, 불안하다, 비참하다, 서글프다, 암담하다, 갑갑하다, 상큼하다, 신나다, 사랑스럽다, 가볍다, 욱하다, 부담스럽다, 설레다.
그 외

이런 감정을 느낀 이유는?

· **산책일기** : 시간(      )  장소(      )  걸음 수(      )  그 외(      )

· **감사일기**

· **영성일기** : □성경 읽기 □신앙 도서 □기도 □예배 □묵상 □신앙 영상
　　　　　　　오늘 주님께 받은 은혜나 깨달음은 무엇인가요?

· 행복일기 : 신앙도서를 읽다가 마음에 와닿는 문장을 적어 보세요.




· 선행일기




### 오늘도 주님께 한 걸음 더

"주님, 당신을 알기 위해 제 자신을 알게 해주십시오." 성 어거스틴의 기도입니다.

우리가 나 자신을 알아가는 것은 평생 해야 할 숙제입니다. 많은 사람이 고통스러워하는 것은 자기 자신을 모르기 때문입니다. 그래서 후회하면서 살아갑니다. 자신을 알지 못하면 자신을 다스릴 수 없습니다. 주님의 말씀에 비추어 나를 늘 돌아봐야 할 이유가 바로 여기에 있습니다.

주의 말씀은 내 발의 등이요. 내 길에 빛이니이다. _시편 119:105

· 마음일기 : 오늘 느낀 감정에 동그라미 해보세요.

뿌듯하다, 살맛나다, 배신감을 느끼다, 분노하다, 애석하다, 애처롭다, 애통하다, 유쾌하다, 당당하다, 애틋하다, 포근하다, 서운하다, 싫다, 절박하다.
그 외

이런 감정을 느낀 이유는?

· 산책일기 : 시간(      )  장소(      )  걸음 수(      )  그 외(      )

· 감사일기

· 영성일기 : □성경 읽기 □신앙 도서 □기도 □예배 □묵상 □신앙 영상
　　　　　 오늘 주님께 받은 은혜나 깨달음은 무엇인가요?

· **행복일기** : 평소 꿈꾸는 여행지는 어디인가요?

· **선행일기**

**오늘도 주님께 한 걸음 더**

성경에는 광야의 시간을 보낸 신앙의 선배들 이야기가 많이 나옵니다. 아브라함이 이삭을 얻기까지 25년, 모세의 미디안 광야에서의 40년, 욥의 어마어마한 시험을 받은 이야기 등. 우리는 신앙의 선배들이 고통을 통해 하나님의 사람으로 쓰임 받는 아름다운 이야기를 만납니다. 우리가 고통이라고 느끼는 광야는 도리어 하나님을 대면하고 그분의 은혜를 경험하는 거룩한 자리입니다.

고난 당하기 전에는 내가 그릇 행하였더니 _시편 119:67

· **마음일기** : 오늘 느낀 감정에 동그라미 해보세요.

> 재미있다, 짜릿하다, 불만스럽다, 불쾌하다, 우울하다, 울적하다, 즐겁다,
> 들뜨다, 화끈거리다, 싫증나다, 쌀쌀하다, 희망차다.
> 그 외

이런 감정을 느낀 이유는?

· **산책일기** : 시간(      )  장소(      )  걸음 수(      )  그 외(      )

· **감사일기**




· **영성일기** : ☐성경 읽기 ☐신앙 도서 ☐기도 ☐예배 ☐묵상 ☐신앙 영상
   오늘 주님께 받은 은혜나 깨달음은 무엇인가요?

· 행복일기 : 가족(배우자, 자녀, 부모)들에게 보내는 축복의 말을 써 보세요.

· 선행일기

### 오늘도 주님께 한 걸음 더

나와 가까운 사람들이 변화하기를 원한다면 내 눈에 거슬리는 단점을 지적하지 말아야 합니다. 지적받은 상대방도 자기를 모르지 않습니다. 그도 바꾸려고 안간힘을 쓰는데 안 돼서 좌절하고 있습니다. 좋은 점뿐만 아니라, 연약함도 그 사람입니다. 있는 그대로의 그 사람을 사랑할 때 변화는 시작됩니다.

자세히 보아야 예쁘다. 오래 보아야 사랑스럽다. 너도 그렇다. _나태주〈풀꽃〉에서

· 기쁨노트 나누기
한 주간 동안 쓴 마음일기, 산책일기, 감사일기, 영성일기, 행복일기, 선행일기를 편안하게 나누어 봅시다. 굳이 모든 것을 다 나눌 필요는 없습니다.
나누고 싶은 것만 나누면 됩니다.

· 함께 기도하기
기쁨노트를 나누면서 느낀 점과 도전받은 것은 무엇인가요?
부탁하고 싶은 기도제목은 무엇인가요?
마음에 품고 기도해 주고 싶은 것은 무엇인가요?
함께 기도제목을 나누며 기도합시다.

하나님,
우리에게 바꿀 수 없는 것들에 대해서는
겸허히 수용할 수 있는 평안을 주시고
바꿀 수 있는 것들에 대해서는
과감히 변화시킬 수 있는 용기를 주시며
바꿀 수 있는 것과 없는 것을
구별할 수 있는 지혜를 주소서.

날마다 충실히 살고
순간마다 충실히 즐기며
고난이 평화로 가는 길임을 알게 하소서.

_라인홀드 니버

· 마음일기 : 오늘 느낀 감정에 동그라미 해보세요.

한가롭다, 통쾌하다, 소름 끼치다, 속상하다, 참담하다, 의기소침하다, 절망적
이다, 편안하다, 홀가분하다, 흡족하다, 부럽다, 야속하다, 얄밉다, 경이롭다,
새롭다. 그 외

이런 감정을 느낀 이유는?

· 산책일기 : 시간(      ) 장소(      ) 걸음 수(      ) 그 외(      )

· 감사일기

· 영성일기 : □성경 읽기 □신앙 도서 □기도 □예배 □묵상 □신앙 영상
　　　　　　오늘 주님께 받은 은혜나 깨달음은 무엇인가요?

· 행복일기 : 생각만 해도 기분 좋은 사람은 누구인가요?

· 선행일기

### 오늘도 주님께 한 걸음 더

예수님은 혼자만의 시간을 많이 가지셨습니다. 이 시간은 자신 안에 있는 인간적인 내면과 싸우는 시간이기도 했고, 하나님 아버지와 친밀감을 나누면서 안식하는 시간이셨습니다. 우리에게도 혼자 하나님 앞에 머물러 있는 시간이 필요합니다. 끝없이 우리를 유혹하는 악한 영과 영적 전쟁을 해야 하고, 내 안에 예수님의 빛과 말씀을 담아 승리하는 삶을 살아야 하기 때문입니다.

찬 가을 한자락이 은은히 내 안으로 스며든다. 고마운 일이다. _조향미 〈국화차〉에서

· 마음일기 : 오늘 느낀 감정에 동그라미 해보세요.

> 푸근하다, 행복하다, 환상적이다, 숨 막히다, 실망하다, 쓰라리다, 지루하다,
> 창피하다, 처량하다, 활기차다, 흐뭇하다, 신가하다, 억울하다, 원망스럽다.
> 그 외

이런 감정을 느낀 이유는?

· **산책일기** : 시간(　　　) 장소(　　　) 걸음 수(　　　) 그 외(　　　)

· **감사일기**

· **영성일기** : □성경 읽기 □신앙 도서 □기도 □예배 □묵상 □신앙 영상
　　　　　　오늘 주님께 받은 은혜나 깨달음은 무엇인가요?

· **행복일기** : 작은 것이라도 나에게 선물하며 나만의 작은 사치를 누려 보세요. 나에게 주고 싶은 것은 무엇인가요?

· **선행일기**

### 오늘도 주님께 한 걸음 더

우리를 행복하게 하는 것들은 무엇일까요? 행복은 크기가 아니라 빈도입니다. 노을 감상하기, 산책하기, 찬양 부르기, 친구들과 수다 떨기, 서점에서 책 구경하기, 반려 식물 가꾸기, 가족들과 함께하기, 음악 듣기, 영화 보기, 좋은 사람들과 맛난 거 먹기, 일기 쓰기 등 일상에서 발견한 소소한 행복을 누릴 줄 아는 사람이 진짜 행복한 사람입니다.

스스로 행복한 사람만이 다른 사람을 행복하게 만든다. _헨리 해즐릿

· 마음일기 : 오늘 느낀 감정에 동그라미 해보세요.

후련하다, 흐뭇하다, 흥분되다, 쓸쓸하다, 수치스럽다, 처참하다, 측은하다,
침통하다, 허탈하다, 초라하다, 활발하다, 자유롭다, 지겹다, 속 터지다, 두렵
다, 걱정되다, 감탄하다. 그 외

이런 감정을 느낀 이유는?

· 산책일기 : 시간(      ) 장소(      ) 걸음 수(      ) 그 외(      )

· 감사일기

· 영성일기 : ☐성경 읽기 ☐신앙 도서 ☐기도 ☐예배 ☐묵상 ☐신앙 영상
　　　　　　오늘 주님께 받은 은혜나 깨달음은 무엇인가요?

· **행복일기** : 가장 잘 만드는 음식을 만들어 대접해 보세요. 무슨 음식을 언제
　　　　　　누구에게 대접하고 싶나요?



· **선행일기**




## 오늘도 주님께 한 걸음 더

한나의 남편 엘가나는 참 좋은 사람입니다. 그런데 한나가 잘 된 것은 남편 때
문이 아닙니다. 괴롭히는 브닌나 때문입니다. 한나를 기도하게 하고, 위대한
사무엘의 어머니로 만든 것은 브닌나입니다.
하나님은 사랑하는 사람에게 브닌나를 보내주십니다. 내 인생의 브닌나는 나
를 아프게 하고 힘들게 하지만, 그것 때문에 하나님을 더 의지하고 하나님 앞
에 더 겸손하고 하나님의 사람으로 다듬어집니다.

상처 많은 풀잎들이 손을 흔든다. 상처 많은 꽃잎들이 가장 향기롭다.
_정호승 〈풀잎에도 상처가 있다〉에서

· **마음일기** : 오늘 느낀 감정에 동그라미 해보세요.

감격하다, 감동하다, 가혹하다, 골치 아프다, 가슴 아프다, 고단하다, 고민스럽다, 가뿐하다, 경쾌하다, 감미롭다, 감사하다, 고통스럽다, 괴롭다, 간절하다. 그 외

이런 감정을 느낀 이유는?

· **산책일기** : 시간(       ) 장소(       ) 걸음 수(       ) 그 외(       )

· **감사일기**

· **영성일기** : ☐성경 읽기 ☐신앙 도서 ☐기도 ☐예배 ☐묵상 ☐신앙 영상
오늘 주님께 받은 은혜나 깨달음은 무엇인가요?

· 행복일기 : 존경하는 사람과 그에게 닮고 싶은 점을 적어 보세요.

· 선행일기

## 오늘도 주님께 한 걸음 더

우리의 정신이 스트레스를 처리하는 데 과부하가 걸리면 몸으로 나타나 이런 저런 질병이 생깁니다. 많은 사람이 과거에 일어난 일에 붙잡혀 살거나, 일어 나지도 않은 일에 불안해합니다. 이런 사람은 생각을 통제하는 법과 생각을 감 독하는 방법을 배워야 합니다. 혼자 조용히 자신의 감정과 생각을 들여다보고 기도하는 시간, 기록하는 시간은 큰 도움이 됩니다.

마음을 지킨다는 것은 주님을 항상 내 앞에 모심을 의미한다. _아더 핑크

· 마음일기 : 오늘 느낀 감정에 동그라미 해보세요.

여유롭다, 고맙다, 괘씸하다, 기분 상하다, 공허하다, 괴롭다, 슬프다, 기분 좋
다, 담담하다, 그립다, 다정하다, 귀찮다, 근심스럽다, 갈망하다.
그 외

이런 감정을 느낀 이유는?

· 산책일기 : 시간(　　　) 장소(　　　) 걸음 수(　　　) 그 외(　　　)

· 감사일기

· 영성일기 : □성경 읽기 □신앙 도서 □기도 □예배 □묵상 □신앙 영상
　　　　　 오늘 주님께 받은 은혜나 깨달음은 무엇인가요?

· **행복일기** : 좋아하는 시인의 시를 (134쪽에) 필사해 보세요.

· **선행일기**

### 오늘도 주님께 한 걸음 더

인생을 이끌어가는 마음의 운전사는 '자아상(self image)'입니다. 자아상은 우리가 들은 말로 만들어집니다. 험한 말을 듣고 자라면 상처 입은 자아상이 만들어지지만, 좋은 말을 듣고 자라면 건강한 자아상이 만들어집니다.

"너는 참 사랑스럽구나. 네가 내 아들인 것이 너무 행복하다. 네가 내 딸이어서 정말 고맙다." 이런 말을 듣고 자란 사람은 마음속 운전사가 인생을 축복으로 운행합니다.

네가 내 눈에 보배롭고 존귀하며 내가 너를 사랑하였은즉 _이사야 43:4

· 마음일기 : 오늘 느낀 감정에 동그라미 해보세요.

기쁘다, 날아갈 듯하다, 황당하다, 침울하다, 권태롭다, 기분 나쁘다, 명랑하다, 즐겁다, 개운하다, 뿌듯하다, 끔찍하다, 몸서리치다, 기대하다.
그 외

이런 감정을 느낀 이유는?

· 산책일기 : 시간(    ) 장소(    ) 걸음 수(    ) 그 외(    )

· 감사일기

· 영성일기 : □성경 읽기 □신앙 도서 □기도 □예배 □묵상 □신앙 영상
오늘 주님께 받은 은혜나 깨달음은 무엇인가요?

· 행복일기 : 배우자의 장점 5가지를 적어 보세요. 배우자가 없으면 부모님이
　　　　　　나 자녀의 장점을 쓰세요.

· 선행일기

### 오늘도 주님께 한 걸음 더

기도는 하나님 앞에 머무는 것입니다. 하나님의 도우심이나 위로를 받았다면
감사드리고 실수한 일에는 용서를 청합니다. 특별한 문제가 있다면 하나님의
도우심을 구합니다.

기도는 이미 나에게 필요한 것이 무엇인지 아시는 하나님과 함께하는 시간입
니다. 우리의 기도는 하나님을 바꾸기 위해서가 아니라 우리를 바꾸기 위해 존
재합니다. 하나님께서 우리가 어떤 사람이 되기를 바라실까요?

제대로 된 기도를 드리기 위해서는 올바른 삶을 살아야 합니다. _E. M. 바운즈

· 기쁨노트 나누기

한 주간 동안 쓴 마음일기, 산책일기, 감사일기, 영성일기, 행복일기, 선행일기를 편안하게 나누어 봅시다. 굳이 모든 것을 다 나눌 필요는 없습니다.
나누고 싶은 것만 나누면 됩니다.

· 함께 기도하기

기쁨노트를 나누면서 느낀 점과 도전받은 것은 무엇인가요?
부탁하고 싶은 기도제목은 무엇인가요?
마음에 품고 기도해 주고 싶은 것은 무엇인가요?
함께 기도제목을 나누며 기도합시다.

주여, 교회와 각 지체를 축복하시고
교회의 일들로 하나님 나라가
큰 무리의 마음에 이루어지게 하옵소서.
진실로 예수님을 위해 사역하는 교회들과 개인들과
혼자 일하는 사람들을 기억하옵소서.

주님의 이름이 수많은 이들에게 알려지게 하소서.
성경 말씀을 주셔서 말씀을 출판할 수 있게 하소서.
사랑하는 우리나라가 그리스도를 알고
주님 발아래 무릎 꿇게 하소서.

예수 그리스도의 향기로
이 어두운 도시가 밝아지게 하소서.
이교도들이 하나님을 알게 하시고
땅끝이 하나님의 음성을 듣게 하소서.

오! 십자가에서 구원을 외치고
보좌로부터 '하나님이여
민족들로 주를 찬송케 하시며
모든 민족으로 주를 찬송케 하소서'라고
선포하게 하소서.

_찰스 스펄전

· 마음일기 : 오늘 느낀 감정에 동그라미 해보세요.

만족스럽다, 가슴 뭉클하다, 화나다, 모멸스럽다, 낙담하다, 마음이 무겁다,
멍하다, 산뜻하다, 상쾌하다, 사랑스럽다, 흥겹다, 밉다, 부담스럽다, 흥미롭
다. 그 외

이런 감정을 느낀 이유는?

· 산책일기 : 시간(          ) 장소(          ) 걸음 수(          ) 그 외(          )

· 감사일기

· 영성일기 : □성경 읽기 □신앙 도서 □기도 □예배 □묵상 □신앙 영상
            오늘 주님께 받은 은혜나 깨달음은 무엇인가요?

· 행복일기 : 힘들었던 시간을 통해 깨달은 무엇인가요?

· 선행일기

### 오늘도 주님께 한 걸음 더

세계적인 건축설계회사 팀 하스의 대표인 하형록 회장은 그의 책에서 "다른
사람에게 준다는 것은 내게 있는 무엇인가가 없어지는 것이 아니다. 내 안에만
있던 무언가가 다른 사람에게도 생긴다는 것이다. 늘어나는 것이다. 더욱 풍성
해지는 것이다."
주님이 십자가에 자신을 내어 주심으로 우리에게 예수님이 가득한 것처럼 내
가 나를 너에게 내어 줌으로 어느새 너는 내가 되어 있음을 봅니다.

남을 윤택하게 하는 자는 자기도 윤택하여지리라 _잠언 11:25

·**마음일기** : 오늘 느낀 감정에 동그라미 해보세요.

반갑다, 벅차다, 미어지다, 불안하다, 비참하다, 서글프다, 암담하다, 갑갑하다, 상큼하다, 신나다, 사랑스럽다, 가볍다, 욱하다, 부담스럽다, 설레다.
그 외

이런 감정을 느낀 이유는?

·**산책일기** : 시간(        ) 장소(        ) 걸음 수(        ) 그 외(        )

·**감사일기**

·**영성일기** : □성경 읽기 □신앙 도서 □기도 □예배 □묵상 □신앙 영상
오늘 주님께 받은 은혜나 깨달음은 무엇인가요?

· 행복일기 : 친구들이 말하는 나의 장점은 무엇인가요?

· 선행일기

### 오늘도 주님께 한 걸음 더

청소년은 사랑을 배우는 시기이고, 중년은 사랑하는 시기이고, 노년은 사랑으로 마무리하는 시기라고 합니다. 그래서 청소년은 설렘으로 사랑을 배우고, 중년은 시련으로 사랑을 하고, 노년은 배운 사랑으로 영원의 문을 노크해야 합니다. 인생의 긴 여정은 사랑을 알고, 실천하고 그래서 결국에는 아름답게 완성되어 천국에까지 도달해 가는 것입니다.

갈보리를 오르신 예수님의 발걸음은 그 걸음마다 "나는 너를 사랑한다"라는 뜻이었다. _존 파이퍼

· **마음일기** : 오늘 느낀 감정에 동그라미 해보세요.

뿌듯하다, 살맛나다, 배신감을 느끼다, 분노하다, 애석하다, 애처롭다, 애통하다, 유쾌하다, 당당하다, 애틋하다, 포근하다, 서운하다, 싫다, 절박하다.
그 외

이런 감정을 느낀 이유는?

· **산책일기** : 시간(      ) 장소(      ) 걸음 수(      ) 그 외(      )

· **감사일기**

· **영성일기** : □성경 읽기 □신앙 도서 □기도 □예배 □묵상 □신앙 영상
오늘 주님께 받은 은혜나 깨달음은 무엇인가요?

· **행복일기** : 가족들이 말하는 나의 장점을 적어 보세요.

· **선행일기**

듣는 마음을 종에게 주사 _**열왕기상 3:9**

· **마음일기** : 오늘 느낀 감정에 동그라미 해보세요.

재미있다, 짜릿하다, 불만스럽다, 불쾌하다, 우울하다, 울적하다, 즐겁다,
들뜨다, 화끈거리다, 싫증나다, 쌀쌀하다, 희망차다.
그 외

이런 감정을 느낀 이유는?

· **산책일기** : 시간(    ) 장소(    ) 걸음 수(    ) 그 외(    )

· **감사일기**

· **영성일기** : □성경 읽기 □신앙 도서 □기도 □예배 □묵상 □신앙 영상
오늘 주님께 받은 은혜나 깨달음은 무엇인가요?

· 행복일기 : 내 몸에서 가장 감사한 부분은 어디인가요?

· 선행일기

### 오늘도 주님께 한 걸음 더

다이애나 왕세자비의 죽음은 많은 영국인의 눈물샘을 터뜨렸는데, 신기하게도 이 시기에 영국의 심리상담소는 아주 한산했다고 합니다. 다이애나를 애도하며 흘렸던 눈물과 함께 아드레날린이나 코르티솔과 같은 스트레스 호르몬이 함께 배출된 것입니다. 눈물에는 신비한 힘이 있습니다. 눈물은 사람의 감정을 정화하는 묘약입니다. 예수님께서도 우는 자는 복이 있다고 말씀하셨습니다.

눈물 골짜기를 지나야 낙원이 나타난다. _토마스 왓슨

· **마음일기** : 오늘 느낀 감정에 동그라미 해보세요.

한가롭다, 통쾌하다, 소름 끼치다, 속상하다, 참담하다, 의기소침하다, 절망적
이다, 편안하다, 홀가분하다, 흡족하다, 부럽다, 야속하다, 얄밉다, 경이롭다,
새롭다. 그 외

이런 감정을 느낀 이유는?

· **산책일기** : 시간(      )  장소(      )  걸음 수(      )  그 외(      )

· **감사일기**

· **영성일기** : □성경 읽기 □신앙 도서 □기도 □예배 □묵상 □신앙 영상
　　　　　　 오늘 주님께 받은 은혜나 깨달음은 무엇인가요?

· **행복일기** : 예쁜 꽃이나 하늘 사진 찍어서 지인들에게 문자로 보내세요.

· **선행일기**

## 오늘도 주님께 한 걸음 더

모세는 하나님 앞에 두 손 들고 기도합니다. 두 손을 든 것은 항복의 표시입니다. 기도는 자기를 항복시키는 것입니다.

부모님을 위해 기도의 두 손을 든다는 것은 부모님에게 항복하는 것입니다. 그러면 부모님에 대한 섭섭함이 사라지고, 부모님께 내가 얼마나 소홀했는지 죄송한 마음이 밀려오기 시작합니다. 그리고 고맙다고 사랑한다고 마음을 표현하게 됩니다.

기도하실 때에 용모가 변화되고 _**누가복음 9:29**

· **마음일기** : 오늘 느낀 감정에 동그라미 해보세요.

> 푸근하다, 행복하다, 환상적이다, 숨 막히다, 실망하다, 쓰라리다, 지루하다,
> 창피하다, 처량하다, 활기차다, 흐뭇하다, 신가하다, 억울하다, 원망스럽다.
> 그 외

이런 감정을 느낀 이유는?

· **산책일기** : 시간(     ) 장소(     ) 걸음 수(     ) 그 외(     )

· **감사일기**

· **영성일기** : □성경 읽기 □신앙 도서 □기도 □예배 □묵상 □신앙 영상
          오늘 주님께 받은 은혜나 깨달음은 무엇인가요?

· 행복일기 : 죽기 전에 꼭 해보고 싶은 버킷리스트를 작성해 보세요.




· 선행일기




### 오늘도 주님께 한 걸음 더

우리의 기도는 보통 하나님을 움직여서 내 뜻을 이루고 싶어 합니다. 그런데 내 뜻이 이루어지기보다는 하나님의 뜻이 이루어지는 것이 훨씬 더 좋습니다. 내가 자녀에게 바라는 것보다 하나님이 내 자식에게 바라는 것이 이루어지는 것이 축복입니다. 하나님이 나보다 내 자식을 천배 만배 더 사랑하시기 때문입니다. 우리도 예수님처럼 기도합시다.

"내 뜻대로 마옵시고 아버지 뜻대로 하옵소서."

그가 나를 사랑한즉 내가 그를 건지리라 _시편 91:14

· 기쁨노트 나누기

한 주간 동안 쓴 마음일기, 산책일기, 감사일기, 영성일기, 행복일기, 선행일기를 편안하게 나누어 봅시다. 굳이 모든 것을 다 나눌 필요는 없습니다.
나누고 싶은 것만 나누면 됩니다.

· 함께 기도하기

기쁨노트를 나누면서 느낀 점과 도전받은 것은 무엇인가요?
부탁하고 싶은 기도제목은 무엇인가요?
마음에 품고 기도해 주고 싶은 것은 무엇인가요?
함께 기도제목을 나누며 기도합시다.

주님! 그들이 우리에게
끼친 고난만을 기억하지 마시고
그 고난으로 인하여
우리가 얻은 열매도 기억하여 주소서.

이 모든 고난의 결과로 맺어진 열매들,
우정과 충성, 겸손과 용기,
관용과 넓은 마음도 기억하여 주소서.

그리고 그들이 심판을 받게 될 때에
우리가 맺은 모든 열매들로 인하여
그들이  용서받게 하소서.


_독일 나치 수용소에서 발견된 기도문

· **마음일기** : 오늘 느낀 감정에 동그라미 해보세요.

후련하다, 흐뭇하다, 흥분되다, 씁쓸하다, 수치스럽다, 처참하다, 측은하다, 침통하다, 허탈하다, 초라하다, 활발하다, 자유롭다, 지겹다, 속 터지다, 두렵다, 걱정되다, 감탄하다. 그 외

이런 감정을 느낀 이유는?

· **산책일기** : 시간(        )  장소(        )  걸음 수(        )  그 외(        )

· **감사일기**

· **영성일기** : □성경 읽기 □신앙 도서 □기도 □예배 □묵상 □신앙 영상
　　　　　　　오늘 주님께 받은 은혜나 깨달음은 무엇인가요?

· **행복일기** : 가족들에게 사랑의 문자를 보내세요.

　　　　　　　누구에게 무슨 문자를 보낼지 적어 보세요.

· **선행일기**

### 오늘도 주님께 한 걸음 더

말씀으로 우리 자신을 축복합시다.

"나는 죄에 대해 죽고 의에 대해 살았다.

나는 모든 염려를 주께 맡긴다. 주님께서 돌보시기 때문이다.

나는 긍정적인 격려자다. 사람들을 굳건하게 세워 줄 것이다.

나는 형통한 사람이다."

내가 반드시 너에게 복 주고 복 주며 너를 번성하게 하고 번성하게 하리라 _히브리서 6:14

## Day 65

· 마음일기 : 오늘 느낀 감정에 동그라미 해보세요.

감격하다, 감동하다, 가혹하다, 골치 아프다, 가슴 아프다, 고단하다, 고민스
럽다, 가뿐하다, 경쾌하다, 감미롭다, 감사하다, 고통스럽다, 괴롭다, 간절하
다. 그 외

이런 감정을 느낀 이유는?

· 산책일기 : 시간(     ) 장소(     ) 걸음 수(     ) 그 외(     )

· 감사일기

· 영성일기 : □성경 읽기 □신앙 도서 □기도 □예배 □묵상 □신앙 영상
            오늘 주님께 받은 은혜나 깨달음은 무엇인가요?

· 행복일기 : 어린 시절에 들었던 칭찬을 생각나는 대로 적어 보세요.




· 선행일기




### 오늘도 주님께 한 걸음 더

교통사고로 전신화상을 입은 이지선은 사고 난 그날에 대해 이렇게 썼습니다. "그날, 나의 두 번째 인생이 시작되었습니다. 이 사고는 그 이전에는 알지 못했던 인생의 비밀을 알려주었습니다. 감사라는 비밀, 사랑이라는 비밀, 희망이라는 비밀, 그리고 아픔이라는 비밀까지. 그렇게 서서히, 제 앞에 행복의 문이 열렸습니다. 나는 결코 예전의 나로 돌아가고 싶지 않습니다."

세상은 고통으로 가득하지만 한편 그것을 이겨내는 일로도 가득 차 있다. _헬렌 켈러

· **마음일기** : 오늘 느낀 감정에 동그라미 해보세요.

여유롭다, 고맙다, 괘씸하다, 기분 상하다, 공허하다, 괴롭다, 슬프다, 기분 좋
다, 담담하다, 그립다, 다정하다, 귀찮다, 근심스럽다, 갈망하다.
그 외

이런 감정을 느낀 이유는?

· **산책일기** : 시간(　　　) 장소(　　　) 걸음 수(　　　) 그 외(　　　)

· **감사일기**

· **영성일기** : □성경 읽기 □신앙 도서 □기도 □예배 □묵상 □신앙 영상
　　　　　　오늘 주님께 받은 은혜나 깨달음은 무엇인가요?

· 행복일기 : 나에게 보내는 축복의 편지를 써 보세요.

· 선행일기

### 오늘도 주님께 한 걸음 더

좋은 부모를 만나는 것은 축복입니다. 우리는 부모를 선택할 수 없습니다. 하지만 우리는 좋은 부모가 될 수 있습니다. 사랑의 5가지 언어를 통해서 말입니다. ① 아이들을 안아주며 어루만져주는 몸의 언어, ② 네가 있어 엄마는 너무 행복하다는 말로 하는 정서적 언어, ③ 아이와 놀아주며 함께 시간을 보내는 언어, ④ 아이의 필요한 것들을 사주는 선물의 언어, ⑤ 아이를 위해 만들어주고 도와주는 봉사의 언어입니다.

그 어린 아이들을 안고 그들 위에 안수하시고 축복하시니라 _마가복음 10:16

· 마음일기 : 오늘 느낀 감정에 동그라미 해보세요.

기쁘다, 날아갈 듯하다, 황당하다, 침울하다, 권태롭다, 기분 나쁘다, 명랑하다, 즐겁다, 개운하다, 뿌듯하다, 끔찍하다, 몸서리치다, 기대하다.
그 외

이런 감정을 느낀 이유는?

· 산책일기 : 시간(      )  장소(      )  걸음 수(      )  그 외(      )

· 감사일기

· 영성일기 : □성경 읽기 □신앙 도서 □기도 □예배 □묵상 □신앙 영상
　　　　　　오늘 주님께 받은 은혜나 깨달음은 무엇인가요?

· 행복일기 : 어릴 적 꿈과 지금 나의 꿈을 적어 보세요.

· 선행일기

**오늘도 주님께 한 걸음 더**

생각을 씨앗으로 많이 표현합니다. 좋은 생각은 좋은 일을 만들고, 불길하고 나쁜 생각은 나쁜 일을 불러오며, 모든 것이 잘 될 거라는 긍정적 생각은 결국 모든 일이 다 잘 되게 합니다. 이는 생각이 씨앗이 되어 그 결과로 맺어지는 것입니다. 인생을 바꾸기 원하나요? 생각을 바꾸면 우리의 인생은 아름다워집니다.

내가 생각한 것이 반드시 되며 _이사야 14:24

· **마음일기** : 오늘 느낀 감정에 동그라미 해보세요.

만족스럽다, 가슴 뭉클하다, 화나다, 모멸스럽다, 낙담하다, 마음이 무겁다, 멍하다, 산뜻하다, 상쾌하다, 사랑스럽다, 흥겹다, 믿다, 부담스럽다, 흥미롭다. 그 외

이런 감정을 느낀 이유는?

· **산책일기** : 시간(      ) 장소(      ) 걸음 수(      ) 그 외(      )

· **감사일기**

· **영성일기** : ☐성경 읽기 ☐신앙 도서 ☐기도 ☐예배 ☐묵상 ☐신앙 영상
　　　　　　오늘 주님께 받은 은혜나 깨달음은 무엇인가요?

· 행복일기 : 살면서 행복했던 일들을 적어 보세요.




· 선행일기

친절한 한마디가 석 달 겨울을 따뜻하게 만들 수 있다. **_일본 격언**

## Day 69

· 마음일기 : 오늘 느낀 감정에 동그라미 해보세요.

반갑다, 벅차다, 미어지다, 불안하다, 비참하다, 서글프다, 암담하다, 갑갑하
다, 상큼하다, 신나다, 사랑스럽다, 가볍다, 욱하다, 부담스럽다, 설레다.
그 외

이런 감정을 느낀 이유는?

· 산책일기 : 시간 (       ) 장소 (       ) 걸음 수 (       ) 그 외 (       )

· 감사일기

· 영성일기 : □성경 읽기 □신앙 도서 □기도 □예배 □묵상 □신앙 영상
오늘 주님께 받은 은혜나 깨달음은 무엇인가요?

· 행복일기 : 기쁨노트를 쓰면서 어떤 변화가 있었나요?

· 선행일기

---

### 오늘도 주님께 한 걸음 더

우리는 예수님을 주인으로 모시고 살기 때문에 순간순간 물어봐야 합니다.

"예수님, 어떻게 할까요?"

우리가 물었을 때, 하나님은 마음에 생각나게 하십니다.

"성령께서 너희에게 모든 것을 가르쳐 주실 것이며 또 내가 너희에게 말한 모든 것을 생각나게 하실 것이다"(요한복음 14:26).

예수님께 묻는 기도를 하면 마음에 생각나게 하셔서 대답해 주십니다.

말씀하옵소서 주의 종이 듣겠나이다 하니 _사무엘상 3:10

· 기쁨노트 나누기

한 주간 동안 쓴 마음일기, 산책일기, 감사일기, 영성일기, 행복일기, 선행일기를 편안하게 나누어 봅시다. 굳이 모든 것을 다 나눌 필요는 없습니다.
나누고 싶은 것만 나누면 됩니다.

· 함께 기도하기

기쁨노트를 나누면서 느낀 점과 도전받은 것은 무엇인가요?
부탁하고 싶은 기도제목은 무엇인가요?
마음에 품고 기도해 주고 싶은 것은 무엇인가요?
함께 기도제목을 나누며 기도합시다.
그리고 사랑하는 이에게 《기쁨노트》를 선물합시다.

내 기도의 대부분은 기원이 아닙니다.
나는 먼저 충만한 감사로 기도를 시작합니다.
아름다운 우주에서 삶을 누리게 해주신
하나님께 감사드립니다.

내게 좋은 친구를 주시고
헌신할 만한 일을 주시고
옳고 그름과 선악을 분별하여
정의의 하나님을 찾으려는 마음을 주신
하나님께 감사드립니다.

특히 내가 하나님을 떠나
사리사욕을 추구할 때
내 영혼을 구원의 길로 이르게 해주신
무한한 하나님의 은혜에 깊이 감사합니다.

감사하는 마음이 내 안에 흘러넘치면
길가에 핀 제비꽃만 보아도 감사가 나옵니다.
내 얼굴에 스치는 바람에도 감사가 나옵니다.

때로 아침 일찍 일어나 동쪽 하늘,
일출의 황금색을 볼 때
감사의 찬양이 절로 흘러나옵니다.

_우치무라 간조(内村鑑三, 1861~1930)의 《일일일생》에서

좋아하는 시인의 시를 필사해 보세요.

MEMO

# MEMO